Satu Hati- Kecewa Selalu
(Koleksi Syair-Syair dan Seni)

Sandeep Kumar Mishra

Peringatan

Syair-syair ini diambil dari buku catatan harian penyair. Ada syair yang ditulis semasa penyair masih kecil, ada yang semasa dia remaja dan yang selebihnya bila dia tabah menghadapi cabaran. Jangan lihat pada bahasa yang sempurna. Ianya bukan dibuat untuk dipamerkan. Ianya hanya emosi dan perasaan pada masa-masa tertentu. Semua yang asal ada disimpan.

Anugerah dan Pencapaian

Buku terlaris Amazon
Pingat Perak Citarasa Pembaca
Senarai Akhir Anugerah Buku Antarabangsa (ABF)
Senarai Akhir Anugerah Buku Bebas Hari Ini
Senarai Akhir Anugerah Sastera Agung
Senarai Akhir Keraian Buku New York
Senarai Akhir Anugerah Buku Rangkaian Penulis Persendirian
(IAN)

Tajuk-
Satu Hati -Kecewa Selalu

Penulis -
Sandeep Kumar Mishra

Muka Depan dan Seni Yang Lain-
Sandeep Kumar Mishra

Lukisan-
Hetal Mishra (Umur-10)

Translator-
Mohd Fazidin Jabar

Penerbit
Tektime

Edisi-1/Februari 27, 2023

Tentang Koleksi Syair Ini

Satu perkara dalam hidup ini adalah semua orang akan kecewa pada satu-satu masa. Bila kita baca atau lihat seseorang dengan takdir begitu kita akan rasa simpati atau cuba cari kedamaian membaca atau bercakap tentangnya. Sama juga dengan koleksi ini. Syair-syair ini dalam tema berbeza. Kebanyakannya syair memandang pada emosi dan situasi persendirian yang dilaluinya. Syair-syair ini merangkumi kehidupan 20 tahun dan ekspresi perasaan yang jelas, benar dan luhur menunjukkan realiti tepat situasinya. Ia juga menunjukkan perjalanannya sebagai seorang penyair. Lebih dari setengah syair-syair dalam koleksi ini diterbitkan dalam majalah-majalah berbeza sepanjang 5 tahun yang lepas dalam cetakan atau digital.

Tentang Penyair

Sandeep Kumar Mishra adalah penyunting syair di Kajian Syair India. Dia telah terima "Anugerah Terkenal Pembaca-21", "Anugerah Pencapaian India-21", "Anugerah Syair IPR" dan "Anugerah Buku Sastera Tersohor-2020". Dia disenarai akhir untuk "Anugerah Buku Antarabangsa 2021", "Anugerah Abad Baru ke52-2021", "Antologi Asia-2021", "Hadiah Syair Joy B 2021", "Hadiah Syair Oprelle 2021", "Anugerah Cerita MPT-2022", "Anugerah Cerita Newcastle-2022" dan "Anugerah Cerita Anasi-2022".

Maklumat lanjut -
https://www.sandeepkumarmishra.com/

Perakuan-
Ada syair-syair yang telah diterbitkan sebelum ini dalam
majalah, jurnal atau atas talian-

Pertubuhan Penyair Klasikal, Rabu Ketiga, Kajian Gunung Biru,
Kajian Brasilia, Kajian Bumi Merah, Pemantauan Redfez, Jurnal
Penakutan, Snapdragon, Penanda, Kriterion, Loceng Puyuh,
Sentuhan Manusia, Penjelaan Sastera, Udara Nipis, Jurnal Sastera
Torrid, Willard dan Maple, Winamop, Ygdrasil, Sistem Benar,
Sup Syair, Tandatangan Asia, Kajian Tasik Garfield Chiron,
Kajian Tengahari Dingin, Penemuan, Kurlew, Pengalian Melalui
Lemak, Kotoran dalam Debu, Fiksyenal, Projek Orang Baik,
Majalah Syair Nook, Pengila Harbinger, Kajian Hawaii, Senarai
Tanah Tinggi, Joey & But Hitam, Yatim Sastera, Kajian Sastera
Marathon, Sastera Tersohor, Majalah ZOUCH & Lain-lain, Seni
Verbal, Kajian Sastera London, Kajian San Antonio, Tempat &
Bunyi (SNH), Akhbar GFT, Gin Bombay, Kajian Pesisir Batu,
Ruang Syair, Masa Antarabangsa, Dedaun Syair, Dosa Kardinal,
Jurnal Suara India, Kajian Musim Lumpur, Kekosongan Talian,
Sungai Salmon, Antologi Mimpi, Syair Semua, Sukuan Kanada,
Penerbit Tulisan, DJ JELAL, Aquillrelle, Majalah Setu, Sastera
Rambutan, Bitchin Kitsch, Syair dalam Perjalanan, Renungan
Aktif, Kampung Syair, Syair Hati Wanita, Akhbar Purcell,
Minggu Fiksyen, Fail Catatan Harian, Syair Kuchh, Penulis dan
Pembaca, Pemburu Syair, Kitaab.Org, Sydney Syair, Syair Nyata,
Renungan Able, Pergerakan Syair, Jurnal Syair Tipton dan banyak
lagi.

Dunia

Semulajadi

Alam Semesta

Saya Lukiskan Lautan

Saya lukiskan lautan
tapi terlupa pantainya,
Tiada kapal di situ,
Bila saya melihat dengan dekat,
ianya saya keseorangan berlayar
seperti gelombang laut.

Saya mencari keseorangan berdekad lamanya untuk
tambah pelancong dalam perjalananku,
Masih keseorangan saya berdiri di atas pelantar usang ini.
Saya perlu pulau untuk mendarat,
Bila saya panggil di radio,
Ia menjadi perbualan satu hala yang sepi sahaja,
jawapan datang dari
dalaman yang amat kosong.

Datangnya setiap tsunami
dari dasar pusatnya,
Saya rasa seperti kerang tanpa mutiara,
Walaupun saya ada keluasan
Laut Mati tapi tiada rumah api
untuk semangat kehidupan.

Galeriku

Di tubuh atasku satu loceng kognitif berdering
dari talian atas dail dalam wayar hidup,
modem itu bekerja
berterusan menghasilkan salinan
perjalanan keluarga yang kosong dan botak.

Setiap hari mengangkut barangan dalaman
yang bergulung, menusuk ke atas,
Tiada keceriaan,
kuasa utama diparasitkan,
Bagaimana saya bernafaskan kehidupan?

Siang dan malamku
dikunci dalam sel otakku,
Suaraku disekat,
Ia melunjurkan rancangan pergaduhan rohku
di dalam tengkorakku sendiri
dan membisik nota meniru tonaku
sementara saya tidak boleh pecahkan ingatanku.

Saya lihat bayangan suramku meninggalkanku
Di situ tinggal Hanya saya, diriku dan aku,
Kenapa otakku satu lubang hitam?
Tidakkah ia satu alam dari
cakerawala kepeningan, ubatan,
picagari, sakit belakang dan tidak boleh tidur?

Mimpiku menjadi corak mati
dan yang luluh seakan sinaran fosil,
Semuanya menjadi serupa kecuali
beban akibat yang ada dari
bermacam-macam ketahanan

Sementara saya alami kebinasaan
ketidakseimbanganku akan diperbetulkan,
Sangkutkan seniku yang tinggal di dinding
kerana setelah sekian lama galeriku akan berakhir.

Matinya Sungai Itu

Wayar mentalku melakar gambaran
perjalanan yang usang
selepas litar pintas terjadi
dalam laluan beban harian

Tubuh berpenyakitku mengigil bersama
berat jahitan- kasar, kulit- direntap runtuhan,
Disedut kuasa kehidupan
Saya ada sedikit tenaga untuk bernafas,
Suara yang saya dengar bukan suaraku,
Ia catat nota dalam tona yang dikenali
tapi penuh dengan frasa-frasa,
yang menyamar sebagai jemputan.

Saya harap saya dapat menyesuaikan diri
dari memori atau menyorok dalam gua tengkorakku,
tapi ia bukan bijak untuk menahan,
Kemudian datang ketawa yang bodoh,
Musim bunga keluar ke dalam sinar mentari.
Satu laut keluar dari matinya sungai itu.
Ada dua cara untuk hidup dalam kehidupan ini,
Saya boleh ikut cara yang susah.

Bawaku Kesakitan Lagi

Saya mahu lihat ego ubahan hitam itu
yang boleh bawaku ke masa depan kehancuranku
untuk melihat jika ada pecahan di dalam awan-awan.

Tidak, Tidak, tunggu! Saya sudah ubah fikiran
selepas bermesyuarat kerana ia mungkin
tunjukkanku juga pergantian yang akan datang
yang saya mungkin tidak mampu hadapi.

Saya akan bertolak-ansur dengan
mimpi-mimpi torpedoku, jantung yang berdegup,
malam-malam tidak berteman, hari-hari penuh pertengkaran,
tubuh yang usang dan roh yang gulana.

Lihatlah! Sekarang saya rasa kekejangan yang lobos
dalam tengah-tengah jantungku bila
kehidupan tidak mahu menyiksaku.

Hirupan Roh

Saya hanya boleh lihat di mendung gelap
bayangan tiada hujung yang mengomel khayal,
Khayalan kewujudan nyata,
Khayalan perikemanusiaan yang sia-sia.

Sinaran paparan kesyurgaan menunjukkan
seorang pelupa yang selalu lupa,
Dalam keadaan gah yang gila
moral menjadi kosong seakan
bentuk-bentuk yang berlawanan menelan satu sama lain.

Saya bernafas kesakitan, saya bernafas ketakutan
Saya mahukan kesenyapan gelap itu
di mana semua bentuk-bentuk itu menghilang,
Patutkah saya hidup untuk rasa dosa?

Saya tiada keberanian bila
saya tahu ianya pahit merasakan
hirupan roh yang kecundang tapi manis.

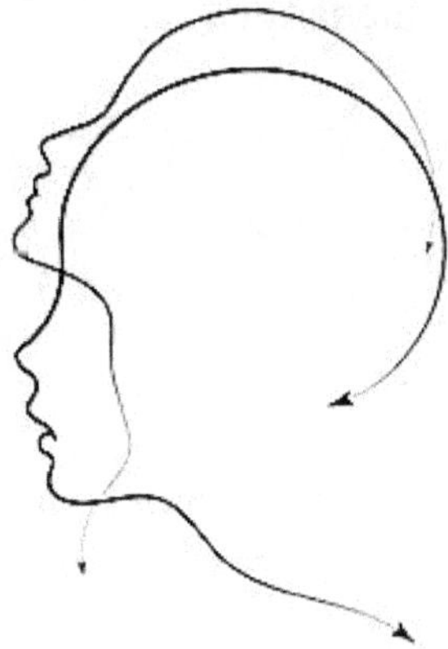

Jualan Tidur

Setiap malam saya berlegar sekeliling bandar- katil
untuk beli sedikit kebahagiaan damai dibuat di rumah,
Misteri hantu gelap kehidupan manusia
memaksaku melarikan diri dari
hari pergelutan dan perselisihan.

Saya mahu pergi ke tanah perlupaan itu,
saya mencari dan jumpa kawasan tidak dikenali itu tapi
tidak jumpa cara untuk buatku penat,
Bila nafsu yang tidak puas selalu menyelubungku
membuatku berjaga ceria menabur jaringnya dengan amat baik.

Tidur adalah gadis dalam mimpi, wangian ros yang menusuk,
Melodi kokokan, keindahan romantik,
Kecantikan didambakan yang saya sukai
tapi setiap kerja malam akan jadi seakan menonjol
sebab tidak boleh tidur menjadi cintaku yang sejati.

Setiap hari saya disimpati tapi setiap malam disiksa,
saya terpaksa jual tidurku yang susah itu,
jika sesiapa mahu belinya dan bersedia untuk menangis.

Kenapa Saya Gagal Bunuh Diri?

Semasa kami bermain sumpahan lidah sekian lama,
di bahagian atas tubuhku yang bertegas berwarna-warni,
satu loceng sakit kepala berdering dari
satu talian dail keluarga yang tertutup.

Jantung hatiku kadang-kadang menangkap
sejenis gelombang yang datang
dari ibu sputnikku,
Peta perjalanan peribadiku sekarang terputus,
bila saya pergi seorang melalui jalan yang usang
dengan jalanraya masyarakat yang sunyi
selepas begitu banyak kemalangan di
jalan-jalan beban harian.

Semua punca mekanik ditutup,
keupayaan transistorku gagal bertukar mati
isyarat-isyarat yang persona dalamanku ada,
Minda berlawanan itu gagal untuk
menutup talian sambungan yang salah
yang meletakku di situ oleh ayahku dan rakannya.

Kapasitor masyarakat yang rosak menghalang jalanku,
saya tidak dapat menyimpan tenaga seni peribadiku,
semasa caj ekonomi yang negatif
meletak nyawaku dalam keadaan tertutup,
Kegiatan dalaman pemunggahan harian
mendapatkan roti sambil melengkar, melonjak ke atas,
menyelubungi mimpi dalamanku sebagai seorang artis
dalam lingkaran tertutup halangan-halangan dunia.

Mereka menyuntik "igauan kelemahan"
dalam urat-urat identitiku yang disekat,
saya yang tidak pernah rasa "banjir kilat emosi"

saya mahu hidup memakan dalaman diri yang rentung.

Sekarang lubang hitam, saya mahu jadi satu
dengan cakerawala sakit kepala, ubatan, picagari,
sakit belakang dan tidak boleh tidur yang
muncul dan bawa penderitaan
dalam hidupku sebelum kehancuran sebenar
diganggu oleh orang luar yang berusaha.

Terpaku di kerusi kayu usang,
melihat pada kipas siling,
saya ikat "sari" merah isteriku keliling
tengkukku yang terputus,
saya lihat pantulan anak gadisku yang tersenyum
pada cermin almirah.
Gelombang otakku menjunam turun,
nyawa berenang melalui lautan bergelora dan
firasat jahatku lemas dalam kedalaman
lubuk kelemahan manusia melawan
emosi-emosi dunia persisiran,
satu air pasang dalaman yang menghantukku pengsan.

Itu memberiku satu lagi label- Penakut!
Saya tidak dapat huraikan betapa marahnya
saya kerana tidak jadi sebahagian dari yang mati,
Tenaga itu yang boleh membunuhku, adalah sejenis tenaga
yang saya perlukan untuk terus hidup dan saya fahaminya.

Cahaya mentari menusuk melalui awan gelap,
Lautan muncul dari matinya sungai-sungai itu,
Ada dua cara untuk bernyawa dalam hidup ini,
saya boleh berusaha pada yang susah.

Semasa Kami Berdiri di Tengah-tengah: Keperluan untuk Mengimbangi Diri

(Apa yang kami dapat dari Bertahun-tahun Menipu-Diri)

Satu Surat untuk Isteriku Tersayang

Sayang

Jika saya boleh beritahumu apa-apa atau tunjukkanmu perasaan dalam hatiku, itu akan jadi petunjuk hebat untuk berjaya atau gagal dalam kehidupan kita. Tapi sekarang saya beritahumu melalui keadah iaitu media.

Walaupun kami tinggal bersama sebagai pasangan berkahwin sejak 2003, kita adalah satu perkahwinan yang gagal sebab kita bukan pasangan sejati, sekali sekala juga kita seakan bermusuh. Adakah senang menyayangi seseorang yang tidak menyayangimu kembali?. Walaupun kita sudah bersumpah kita akan menyayangi satu sama lain. Tapi ia seakan "cinta berbayar" yang tidak patut dipanggil cinta tapi lebih kepada persetujuan perniagaan.

Satu perkara yang mengejutkanku ialah kita masih bersama. Kerana kamu tidak mahu dengar, saya luahkan roh yang lemah dan tersiksaku dalam syair-syair yang saya tulis selama tiga tahun lepas. Saya guna beberapa ayat darinya untuk buatmu rasa kesiksaan yang saya lalui.

"Saya mahu lihat ego ubahan hitam itu
Yang akan membawaku ke masa depan kehancuranku
Untuk melihat jika ada pecahan di awan"

Bila saya jatuh cinta denganmu, saya kasar dan naif dan menjadi suka bila kamu tunjukkan perhatianmu padaku. Bagaimana saya tahu bila saya mula menyukai seseorang jika dia akan menjadi musuhku seumur hidup?. Sepanjang masa, situasi ini telah membuatku lemah dari segi emosi dan fizikal.

Bila rambut hitam-beralunmu bersinar --- bayangan, saya tunduk di ribamu, malam datang, hari menghilang. Mata bujurmu yang galak menenangkanku,
Kita akan bercinta sehingga ada bintang-bintang, awan-awan, laut-laut"

Adakah kita terlalu lemah sehingga kita tidak boleh kejar matlamat berbeza atau kita terlalu berharap ianya akan diperbetulkan satu hari nanti?. Kita tinggal dalam masyarakat yang kecil dan diikat oleh tradisi dan mungkin juga takut pada masyarakat, kita tersiksa sentiasa, tapi tidak mampu putuskan dengan harapan satu hari nanti semua akan jadi baik.

Tapi gandingan salah ini terkesan buruk pada kedua anak kita. Situasi ini membelengguku dan saya melalui neraka setiap minit. Bila saya marah, seperti setiap selang sehari, saya tidak berinteraksi dan bermain dengan mereka. Saya jadi ayah jahat pada mereka. Kadang-kadang, saya tampar mereka atas kesalahan kecil. Mereka mula menjauhiku. Kenapa roh-roh suci ini tersiksa tanpa salah mereka sendiri?.

"Adakah kehidupan selepas mati?
Adakah jalan merentas langit?
Kami adalah pendosa-pendosa sukarela,
Tapi masih boleh dimaafkan"

Sepanjang surat ini, saya mahu beritahu yang cinta itu sabar, cinta itu baik. Ia tidak cemburu, ia tidak megah, ia tidak bangga. Ia sentiasa melindungi, sentiasa percaya, dan sentiasa terdorong. Cinta bukan mencari sendiri, terbalik dari mencari sendiri. Jika kita jatuh keseorangan, ia akan mencorakkan kehidupan kita.

"Saya lukiskan satu Lautan
Tapi terlupa pantainya
Tiada kapal
Bila saya meneliti lebih dekat,
Ianya kesunyianku
Berlayar seakan gelombang laut"

Satu sebab kebencianmu adalah pekerjaanku yang tidak menentu. Saya terbukti gagal sepenuhnya dalam hal ini. Sebagai guru sementara, saya tidak dapat uruskan tanggungjawab kewangan dengan baik. Salah pelaburan dan kegagalan pertaruhan yang lain. Ia menjadikan situasi ini lebih buruk. Sekarang saya dikelilingi hutang. Saya perlu bayar bunganya. Saya tidak boleh tidur malam. Saya pening kepala sekarang.

Masalah lain pula adalah saya sentiasa mahu jadi penulis atau pelukis. Tapi untuk menjadi penulis berjaya, kamu perlu masa dan yang paling penting, wang untuk buatku terkenal dengan menggunakan media sosial moden dan tipuhelah penerbitan dan berkawan dalam kejiranan penerbitan kerana ini adalah kawasan sabjektif.

I want to earn money by writing, but it is not easy and too late for me. I started to get published in 1994 but wrote only once in a while because of a troubled life since childhood. Sometimes there were gaps of 7 years between the articles.

"Tiada Kelincahan
Kuasa utama diparasitkan
Bagaimana saya bernafas nyawa?
Hari-hari dan malam-malamku dikunci"

Sekarang situasi ini membuatkan saya takut pulang ke rumah, kerana pesta-cemuhan menungguku di balik pintu hadapan. Saya berfikir untuk mencurahkan perasaan, tapi di balik mindaku, saya tahu kamu tidak akan dengar dengan baik atau tidak akan faham langsung.

Jadi ianya terpendam di dalam membakar lubang, membuatku membenci. Kamu ada tona suara kesat dan postur garang. Setiap hari dan malam saya diganggu dengan sindiran atau kecaman. Kadang-kadang kita tidak bercakap langsung. Saya sentiasa bergaduh dalam diri sendiri, tapi menyalahkan suasana luaran untuk kekalahan.

"Setiap malam saya berlegar sekeliling bandar-katil
Untuk beli kegembiraan sejati yang diperbuat di rumah,
Misteri menakutkan yang gelap untuk manusia
hidup yang menekanku untuk melarikan diri
Dari hari pergolakan dan perselisihan,
Saya mahu pergi ke tanah perlupaan,
suatu kawasan yang tidak dikenali"

Kerana kamu tidak tahu zaman kecilku yang bergelora yang membuatku amat reaktif. Adakah kamu masa dan perasaan untuk kenal latar belakangku?. Ingatan ini akan bantumu fahami kelemahanku.

Kami telah bina satu mekanisma untuk selesaikan masalah ini dan ia akan menyelamatkan kami dari bertahun lebih lama kegagalan dalam perkahwinan kami. Sesiapa boleh ada perkahwinan yang gagal, tapi suatu tahap penyesuaian untuk yang baik dan buruk adalah diperlukan.

"Kenapa otakku, satu lubang hitam?
Kenapa ia bukan satu alam semesta
dari cakerawala sakit kepala, ubatan, picagari, sakit belakang
dan tidak boleh tidur?"

Bagaimana kita boleh panggil diri sendiri pasangan berkahwin bila kita tidak tidur sekatil atau tinggal dalam bilik yang sama?. Saya mahu duduk bersamamu, meluahkan perasaanku padamu, berasmara denganmu, menikmati makan malam denganmu di satu restoran, dan melancong.

Tapi semua itu sudah jadi mimpi; Sebenarnya, bila saya lihat pasangan berkahwin yang lain, selalunya, saya rasa tersiksa. Saya tidak pernah pergi majlis atau melawat kawan begitu lama. Saya jarang pergi ke pasar. Saya tiada kawan. Saya juga tidak berpakaian dengan baik seperti yang kamu lihat dan beritahuku banyak kali.

"Wayar mentalku bekerja
Gambaran perjalanan-perjalanan usang,
Selepas satu litar pintas terjadi
Dalam jalan beban harian,
Tubuh berpenyakitku bergetar dengan
beratnya semasa ia menyedut kuasa nyawaku"

Bila seseorang itu sedih, dunia jadi kosong buatnya. Untuk siapa dia akan berpakaian?. Tidakkah kamu ada sedikit perasaan untukku?. Semasa siang, saya berusaha sibukkan diri untuk menjauhimu. Tapi ini memberi efek negatif pada mataku dan belakangku semasa saya duduk 10-12 jam tanpa rehat di komputer.

Di sudut sana, bila kamu bebas, kamu fikir untuk berbual, berbincang atau bersuka ria dirimu denganku, tapi kita terlalu terputus satu sama lain sehingga tiada siapa berani atau berlembut untuk mulakannya.

"Saya akan pendamkan dengan
Mimpi-mimpi Torpedo,
Jantung berdegup,
Malam-malam sunyi,

Hari-hari penuh pertengkaran,
Tubuh yang usang
Dan roh yang hambar"

Saya mahu mulakan yang baru. Kita perlu naikkan diri kita. Kita kena tinggalkan ego ke tepi. Banyak kali saya fikir perlu buat sedikit perubahan seperti bila saya pulang ke rumah, saya akan berjumpa anak-anak dan isteriku atau kita bergaul bahagia bersama. Tapi ia tidak terjadi. Saya perlu bantuanmu.

Setiap pagi kita patut cuba dapatkan hari yang ceria dengan berterimakasih atau memuji satu sama lain untuk kerja-kerja kecil. Kamu akan rasa tenaga menular di dalam. Ia suatu ajaib untuk katakan tiada senjata melawanmu akan berjaya, tapi ianya manusia percayakan ada orang yang mahu balas dendam padamu.

"Bila kepercayaan bersinar, keraguan hilang kilatnya,
Bila kebijaksanaan membesar, tangisan mengecil;
Setiap dahan menunggu putikan yang akan datang,
Harapan memberimu peluang untuk musim bunga kedua"

Kamu boleh jelaskan pandanganmu, tapi tonamu mestilah kooperatif. Jadi terimalah perbezaan dan jadikannya peluang.

"Tubuh Nabi Isa ada bermacam bahagian yang
bercantum menjadi satu"

Solusi yang mudah adalah melihat ke dalam mataku dan berkata, "Kamu bukan musuhku". Saya seorang pendiam tapi saya akan cuba terbuka sekali sekala. Adakah kelakuan kecil, sentuhan, dan hadiah atau mungkin piknik, tonton wayang dan membeli belah akan membantu?

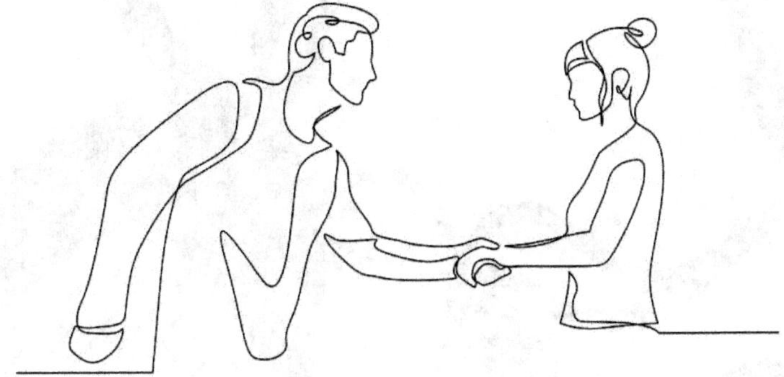

Satu Pokok dalam Laman

Satu pokok peringatan dalam lamanku
Satu-satunya pusaka, saya terima, si penyair.
Daun-daun warna warni dengan bunga cantik
Manis dilihat kurniaan, oleh seseorang yang kepenatan.

Saya mendengar ciapan menakutkan dari
burung-burung punai yang bermain di sarangnya
Melompat gembira setiap terbit mentari ia berbisik padaku
Bila dedaun kering berkeliaran seperti sirap manis.

Saya berdiri di bawah persona yang disalin
Bayu pagi menular seperti minuman yagona.
Wanitaku memegang lampu berminyakkan nyanyian
Dia menyentuh kaki yang kasar untuk kesejahteraan.

Bila mana ditolak, saya sentiasa mengesannya
Suaranya lembut tapi hanya berbisik.
Sepanjang hari ia berdoa seperti rahib
Abangku yang pandai saya perlu mengaku.

Setiap senja budak-budak bermain dalam bayang-bayang
Buah-buahan manis ranum mereka berikan.
Katil gelapku ada di lamannya
Saya tidur seperti pesakit kesayangannya.
Tiada rekahan jelas yang tinggal
Semasa saya rehat di riba berjerebunya.

Suasana Laut

Sayangku, mimpiku! Mari ikutku
Kita selubung sehingga dagu, merentasi laut.
Bina istana di antara bintang-bintang
Jauh dari kekacauan dunia dan peperangan.

Lihatlah pelangi itu, sungai yang putih
Gunung-gunung merekah, bunga ros merah, punai kelabu.
Ulat bersinar terang, helang keemasan, lebah hitam
Bunga matahari kuning, makaw merah, pokok hijau.

Pagi dibasahi hujan, malam embun bersinar
Jambangan tengahari melayu, munculnya banjaran petang
Musim sejuk mentari panas, malam sejuk cahaya bulan
Saya kagum keindahan ini, sentuhannya meluluhkan ketakutanku

Bila rambut hitammu ditiup mengembang --- bayangan
Saya tunduk di ribamu, malam datang dan siang hilang.
Mata galak, coklatmu menenangkanku
Kita akan berasmara sehingga ada bintang, awan dan laut.

Dia Berjalan dalam Sajak

Bila mataku yang setajam-helang melihatmu,
Saya jumpa tuntutan di semak.
Kegiatan terhenti jantung berdegup mengepam kemerahan,
Seperti hari mentari keemasan terang dalam musim panas.
Dia datang seperti angin pagi yang nyaman,
Seakan taman yang hidup selamanya berputik.

Separuh malu pada kemegahan sendiri,
Putih dari yang lebih putih, sinaran yang tidak pernah pudar,
Rautnya terbaik dari gelap dan terang.
Bibirnya merah menyala dan
Pipinya merah dan purih seperti ros,
Lurah di dada, dalam dan sempit
Satu senyuman yang memenangi seribu suasana.

Perilakunya mempersonakan tapi
Akan membazir remaja yang berdesah.
Rambutnya beralun berhayun talian perak lelabah,
Suara lembut menghilang seperti lagu opera lama,
Wangian rohnya dirasakan dalam benakmu,
Semasa dia berjalan dalam sajak pada jalan yang kosong,
Seribu tarian tidak bernama bergerak.

Bila dia menari dengan dedaun musim luruh
Ada bisikan lembut mengetarkan semangat kami.
Dia mengegarkan dunia di bawah dan awan di atas
Kerana dia satu tuhan, suatu kebangkitan,
Saya hanya boleh lihat melalui mataku yang tertutup.

Satu Fiksyen Pantas

Seorang gadis tidak dikenali menghalangku
dari perjalananku satu hari lepas,
Seakan kijang kecil melompat,
Satu bulan muncul dari awan yang gelap.

Muka, separuh tertutup dengan rambut hitam
memasang malam pada siang hari,
Gayanya dan tariannya menakjubkan,
Saya unjurkan pengenalan yang tiba-tiba,
Dia bermasam muka, melarikan diri
Bagai bebuih di air.

Perjumpaan pantas ini
Satu ubat untuk hidup,
Saya tidak dapat cari kesannya
Dalam laut di dunia ini,
tapi akan beri inspirasi pada penyair
sebagai seorang intellektual sepertinya.

Satu Memori Pelangi

Bila kehadiranku yang gersang bertiup
bara api lemah berkisar dalam hati,
satu percikan keanakan ceria bersinar.
Memori hitam beku cair meluluhkan warna,
Satu cahaya pelangi diingati kembali,
Semasa saya berjalan di kaki lima usang
saya lihat coretan laut antara rumah-rumah.

Baju merahmu seakan bot merah menyala
terbenam dalam pasir keemasan,
saya tangkap jaring pancing biru,
Mewarnai dinding-dinding kubu coklat
di pantai hijau liken.

Rohku berkata, bibirku bergerak
Gelombang perjumpaan, gelora pelukan,
Semasa saya menebar jaring untuk tangkap suasana
seperti penumbuk kuning landak jalanan
memegang pelangi dalam genggaman kecilnya.

Ibuku

Sejak dia tinggalkanku untuk berhijrah jauh,
setiap hari jamku bermula dari kosong
tapi tiada kosong di jam-jam lain.
Saya tidak tahu di mana ibuku menetap,
Malam semalam kulitku rasa lembut seakan
dia kucumnya dengan bibirnya yang basah.

Ibuku berharap melihatku ceria,
dia jawab tentang adegan kecilnya
kecemasan tentang kesihatannya,
tentang bagaimana dia bermain dengan adik beradikku,
dia mahu saya kembali pada kehidupan.

Saya mushkil kenapa hanya manusia perlu
ambil tahu bagaimana bergerak dengan bersebab?
Adakah itu kenapa kita mengomel dengan rasional?
Ianya mudah tidak pergi ke sana,
saya tahu saya patut jumpa dia tapi
Beban masa lampauku menghalangku
untuk berjumpa dengannya di tanah yang dijanjikan.

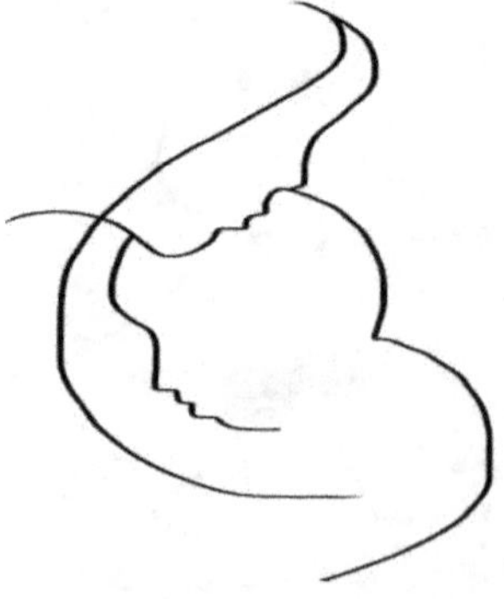

Ayahku

Ayahku tidak pernah buat kerja-kerja wanita
seperti pangku anak-anaknya di riba dan
menyayangi atau bermain dengan mereka,
Ya, dia buat perkara-perkara maskulin memecahkan
beberapa cermin, memukul pintu atau
kepalanya ke dinding,
menampar anak-anaknya dan mengasari
semua orang bila dia dibelengu kemurungan
dalam rangkaian kemiskinan, ketegangan poverty,tension
dan keinginan yang tidak dikecapinya.

Kejumudan dan kuat agamanya mengajar kami
banyak kepercayaan karut yang membuatnya pendiam
tidak bersosial dan hampir buatku jadi atheis.
Dia ajar kami ciri-ciri kebaikan tanpa
benarkan kami masuk ke biliknya.

Kami ada terlihat dia menulis syair-syair
tapi kami bukan sebahagian dari alam semestanya,
Dunia ini mungkin juga mengenali kerja-kerjanya
tapi kami belum baca buku-bukunya kerana
kami membina pelalian padanya.

Sebagai guru di sekolah swasta, dia selalu bertukar sekolah
kerana ketegasannya tidak disukai oleh pentadbir dan
kejujurannya membuatnya ditolak dari dijemput ke mana-mana
perjumpaan sosial atau majlis-majlis.

Dia tidak beritahu kami sejarah atau geografi kami,
Tiada adik beradik, terikat dalam lingkaran keluarga tertutup,
Tidak tahu tentang komuniti kami,
kami tinggal di sempadan lingkaran sosial kami sekarang.

Saya harap dapat bersama ayahku, berbual, belajar
dan membantunya tapi saya kurang ikatan,
saya tidak melihatnya sejak sekian lama dan
tidak rasa perlu atau berusaha untuk itu.

Dia mengira waktunya,
legasinya adalah beberapa buku yang diterbitkan
dan beberapa manuskrip yang tidak diterbitkan
tersimpan dalam bilik stor almirah,
Kejanggalan berpanjangan antara kami menghalangku
untuk ambil langkah-langkah itu,
yang seakan satu perjalanan yang jauh.

Pembesaran dan nasib mencorak hidup kami,
ayahku adalah mangsa nasib malang dan
saya adalah anak pada ayahku.

Adik Perempuanku

Dari tahun-tahun sucinya bila
kami berkongsi kehidupan bersama,
Saya masih terikat kuat padamu
lebih dari ikatanku pada ibumu.

Bila kita terpaksa berpisah,
kamu pergi ke rumahmu,
Begitu pun saya masih bersamamu seperti mas kahwin,
saya habiskan masa mudaku denganmu
kerana kesayangan sebagai abang adalah
tugas untukmu bawah mentari atau hujan.

Kamu sentiasa fikir untukku dahulu,
Kamu menyokongku,
kenalku amat dalam,
tapi banyak perkara juga, saya sembunyikan.

Ada masanya bila guruh berdentum,
Kami ambil jalan sendiri tapi
jika kamu dapat beritahu kesalahanku
Ia akan jadi lebih baik berpisah.

Bila kamu gagal berjumpaku pada "Hari Raksha" itu,
ia menunjukkan ikatan kita terlalu manis untuk
kekal berpanjangan,
saya mushkil jika kesayangan kita hanya satu buih
atau masa itu memaksa kita.

Yang penting kamu tahu apa saya inginkan,
Semua salah anggap dan pergaduhan bodoh
yang membuat kita sedih, adalah sebahagian dari membesar,
Kamu ajarku banyak pelajaran kehidupan,
yang baik, yang buruk dan maksud berusaha.

Saya tidak tahu cara-cara dunia,
Di sini roh kasihan yang dibiarkan,
kamu sibuk dengan
pelbagai perhubungan keluarga
jadi kerja kesayanganku hilang dalam pertempuran kewangan.

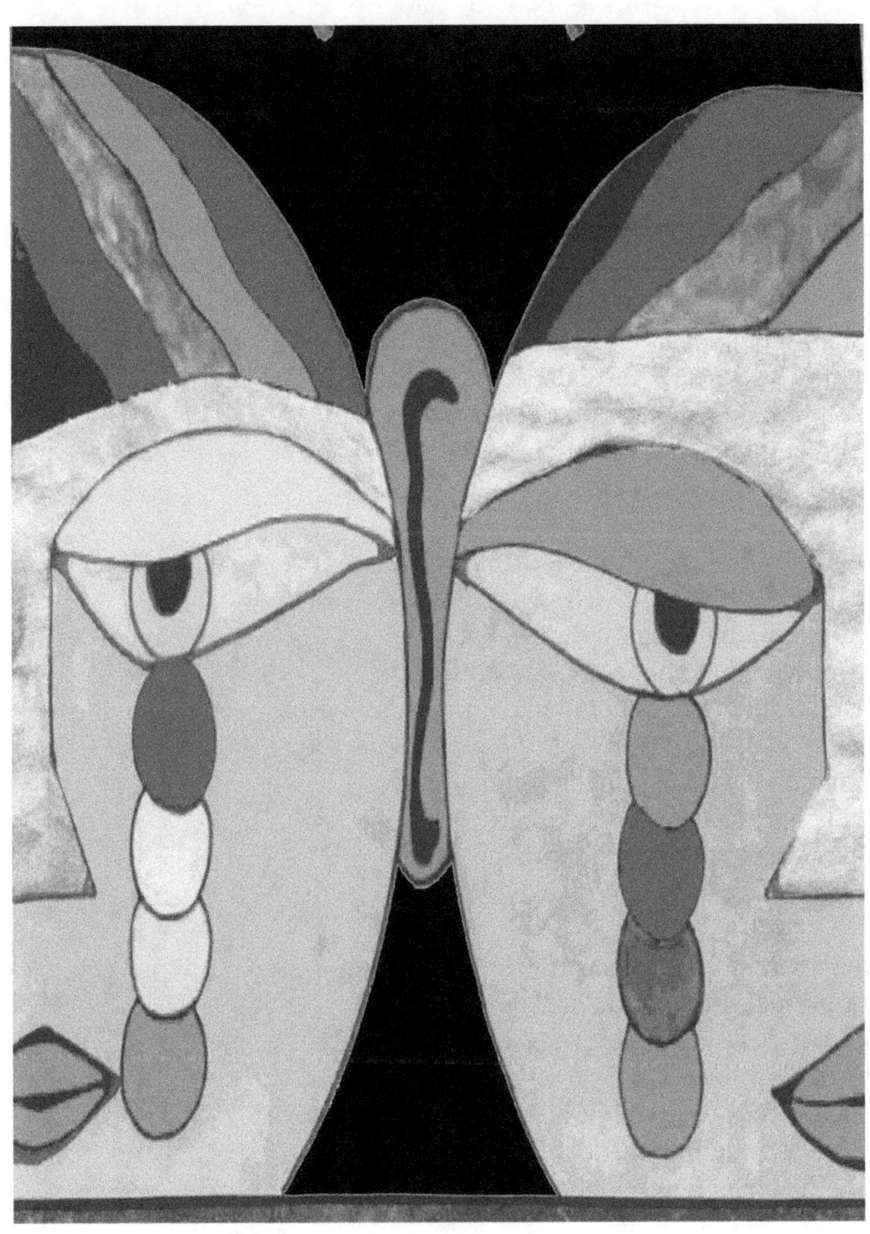

Satu Lawatan ke Hospital

Hospital-hospital adalah ideogram kebenaran
di mana kematian tidak mengabur kehidupan-
kesakitan amat, kerunsingan merah jambu tapi harapan kotor.

Kamu mungkin lihat galaksi Hoag
dalam galaksi ada lagi galaksi
Satu pesakit, seperti merak,
dapatkan nyawa baru bila bangkit dari abu
tapi yang lagi satu mati dalam pertunjukkan
tarian api dan nyalaan.

Dinding-dinding putihnya ditinggalkan
anak gadis bauan - petro yang nyata,
untuk bela bauan baru bertingkat
dari ubatan, sirap, dettol atau antiseptik
dengan tulang belulang dan daging tidak berbau.

Ianya hanya pembedahan, hijau ceria,
dengan kerisauan dan harapan
dalam bentuk mimpi ditambah sedikit
ubat cinta pada setiap preskripsi.

Yang sakit memang benar biru pucat yang
kamu tidak mampu berani melihat
pesakit-pesakit ini dengan sabar
di sekolah serba daif,
Bila seseorang itu lebih hebat dari kesakitannya,
kamu akan jadi ahli filosofi yang hebat,
sebaik sahaja kamu keluar dari bangunan muram ini.

Seorang yang berjiwa besar melawat pesakit-pesakit,
Memegang tangan kamu rasa seperti kunci rumah di tangannya,
tapi tiada jantung dipintas oleh cinta,

Bila kamu peluk mereka tulang rusuknya buat
satu ruang untuk tubuhmu yang gempal,
semasa kamu rasa air terjun yang maha besar
dari jantung-jantung mereka yang terbenam.

Elakkan semua cermin atau pantulan diri,
Kamu tidak boleh lihat perkara yang biasa kamu
lihat tapi rohmu yang dinyahkan akan menonjol keluar
dari kain tubuh seperti cahaya mentari
keluar dari tingkap yang diselang.

Ianya sukar mengimbang diri sendiri yang kecil seakan
beban dalaman itu lebih berat dari berat tubuh itu,
Marilah kita puji katil-katil yang menyukarkan tidur,
mari kita puji kipas-kipas yang tidak boleh dikawal,
puji layanan bilik yang tidak wujud,
mari puji kakitangan hospital
mereka adalah malaikat tanpa sayap.

Dilitupi pelitup muka tipu untuk suka
mereka jumpa paru-paru mati dan jantung-jantung letih
terdampar di jalan mereka setiap hari,
Mereka main poker dengan nyawa mereka
dalam permainan dengan virus dan kesakitan,
mengundang kematian untuk parti-parti yang lain juga.

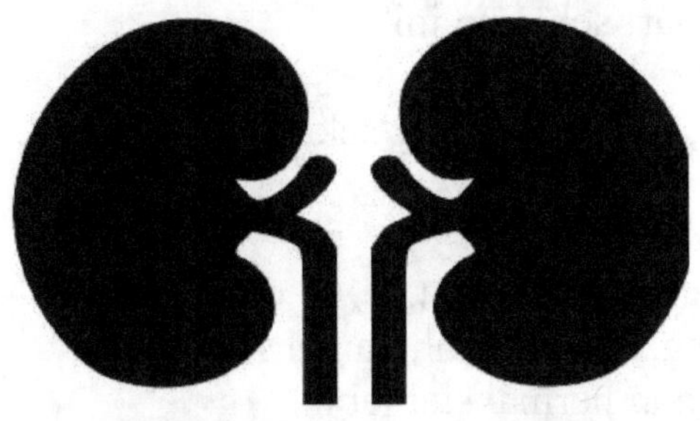

Cara-cara Hari-hari Corona -Vorona

Kemanusiaan terkambus dalam pergerakan corona,
saya seperti tikus laut masuk ke dalam lubang-sorokku,
Amaran setiap pagi, tapi masih terbaring di katil tidak endah,
Apa yang seakan minit adalah jam,
Berminggu-minggu dibelengu hibernasi,
Adakah saya beruang kecil kesunyian?.

Rindu kampung di rumahku
dipaksa bukan Covid-19 di lokap rumah,
Ia seperti dikejar badut menakutkan atau
saya dikepung oleh zombi,
saya bekerja dari rumah hijau dalam dunia zon merah.

Daftar masuk untuk bersosial, pasang suara dari jauh,
Tubuh robotku ulangi makan, tidur dan makan.
Adakah sarapan tetap sarapan jika makan pukul 12?
Adakah makan malam tetap makan malam jika makan biskut
semasa minum petang?

Saya berkelip mata, menumpukan pada horizon
seakan fokusku akan bawaku ke sana,
Adakah saya nampak kupu-kupu itu hinggap pada bunga itu?
Bila kookaburra terbang di atas jalan kosong,
Adakah mereka tahu apa yang terjadi pada kita?
Adakah saya sedar lebih dari sebelum ini?

Bila paru-paru rasa segar, burung-burung sekarang pesawat,
kami keluar rumah untuk ke
taman dan masuk semula,
ia menjadikan kita semua orang bertapa.
Awan adalah biru sekarang, atau adakah hanya saya?
Sekarang saya faham kurang bermaksud lebih.

Tidak putus-putus gerakkan trafik dan orang
sekarang nafas seakan maraton,
Kami beli belah untuk pastikan kesihatan yang lain,
Sanitizer dalam poket dengan pelitup muka,
Bersin adalah cara menarik perhatian sekarang,
Pejuang Corona berada di garisan hadapan
tapi ada orang masih menyumpah dan menangis.

Perkara ini bukan-fiksyen - kesihatan melawan ekonomi,
Fiksyen itu gelap, tapi masih ada musik,
Covid-19 adalah cabaran kepala- hydra
pada modaliti moden kita untuk terjaga
membeli barangan murah dari pekerja murahan.

Saya mushkil kenapa saya rasa bersalah
bila saya lihat yang lain tersiksa sementara saya tidak,
saya sekarang selesa memakai baju tidur.

Bandarku

Bandarku menikmati muka ganas
Gedung- Pencakar langit menyambung anggota pentingnya
Hari-hari mendorong kuasa pekerja
sementara malamnya pendakian curam yang kasar.

Hon, siren, musik, pencemaran, buzz dan senyap
mengendang sejuta degupan melirik bunyi bodoh.
Kuntum mekar di setiap penjuru
untuk melawan junta kemanusiaan setiap hari.

Penghuni kota tidak pernah berhenti tapi memaksa diri
Sepuluh ke lima, berulang budaya kerja bosan.
Ada cahaya sekeliling, tapi pemandangan semakin pudar
berusaha mengali nyawa menjadi kubur semulajadi.

Pejalan pagi yang longlai atau peneroka petang berpeluh
Yang tidur lambat mekanikal atau lambat bangun lemah.
Sofa, karpet, TV, telefon dan penyaman udara
Semuanya musium granit tapi tiada penunggu yang mengantuk

Lebuhraya adalah cara perjalanan mematikan
Saya cuba sesuaikan diri dengan tenang.
Adakah bandar ini menghancurkanku bermacam cara?
Tidak, ia telah rosakkan orang yang lebih baik dariku.

Saya berdiri seorangan antara sejuta orang ramai
Tuhan diam bila saya tersiksa cepat.
Saya tidak bersedia untuk mati terbiar
Saya akan bina bandar baru sebelum nafas terakhirku.

Hidup di Bandar

Gembira terang tapi hidup muram
Kekecohan, kebingitan dan perselisihan
Cara untuk berusaha, hidup mekanikal
Terlalu artifisial, kurang semulajadi
Satu masyarakat, budaya bercampur.

Konkrit panas tapi besi sejuk
Banyak simpati, tapi sedikit yang rasa
Banyak ketawa tapi sedikit senyuman
Disco, pub, hotel dan klub
Riang dan bermain, bandar adalah pusatnya.

Banyak duri, sedikit ros
Kawan tipu tapi musuh nyata
Kesukaanmu dan kebencianmu
Keluarga kecil tapi perihatin sedikit
Dinding besar tapi pagar kecil

Banyak yang tersembunyi, ada yang dikenali,
Masa depan tidak tentu, masa kini jelas
Semuanya jauh, beberapa yang dekat
Bandar ada banyak dugaan
Banyak fiksyen, beberapa fakta.

Jauh untuk pergi, sedikit yang dapat
Sebilangan beraksi tapi ramai bereaksi
Ada yang memberi tapi ramai yang mengambil
Tiada wang di hujung pisau
Nasib di sisimu, hidup berpoya.

Beberapa yang bijak, ramai yang pandai
Semuanya matang, beberapa suci
Perlumbaan lari, jangan ditipu

Bila kamu menunggang, jangan lihat tepi
Perjalanan jauh, tapi ruangnya lebar.

Saya, aku dan untukku adalah hanya cara
Banyak pergerakan, emosi kosong
Kurniaan kesakitan, tapi beberapa sahaja ubat
Sofa adalah gunung, karpet adalah laut
Bandar ini dibina untukku.

****

Syair Mini

1
Ibu yang menyusu badan
tidak malu-malu
dia malu dalam menyayangi

2
Seni "Khajuraho" bukan lucah,
itu pemandangan indah
dalam pemerhatian

3
Lelaki moden bukan bogel,
dia tidak- bogel
tapi dalam angin- fesyen

4
Lelaki bukan haiwan,
dia manusia
tapi hanya aksi materialnya

Bila Kamu Beli Kesedihan Mereka

Angin kencang beku memenuhi asap cerobong
isyarat kebakaran blok Hari Natal,
Bila lampu warna-warni berkelip sekeliling,
rahib suci menyanyi lagu gembira.

Bunga lily suci dan gading hiasan penuh di rumah
Pekan ke pekan laungan kegembiraan kita bergema,
Bertenggek seperti burung menyanyi di atas pokok
Mendengar korus, dibawa loceng ceria jingel.

Jumpa orang tersayang yang kamu rindui setiap hari
Peluk musuh, tidak memberinya lepas dengan mudah,
Kaya dan miskin di meja sama
Buat kerja tapi buatnya satu dongengan.

Biarkan penjagaan pergi ke tempat tersembunyi
Biar cinta ambil tempat sepatutnya,
Minum dan lemas kerisauanmu
Tiada sesiapa keseorangan atau terburu-buru.

Sebaik sahaja kamu dapat tanda Nabi Isa di hatimu
Perasaan rahmatNya menjadikanmu Gilbert,
Tuhan menyayangi semua bentuk asalnya
Nyorokkan perbuatan buruk dalam tarikanNya,
Masa untuk ucapkan semua kesejahteraan esok
Ianya Hari Natal
bila kamu beli kesedihan mereka.

Simbol Klimaks!

Kelebihan manusia
Semua makhluk menelan satu sama lain
Mengikut ketidaktentuan mental mereka,
Tapi hari ini manusia makan manusia,
Adakah ia kebangrapan kebijaksanaannya
atau simbol klimaks!

Kami Adalah Dunia Ketiga

Pengakuan sendiri negara-negara dunia pertama
melabel kita sebagai dunia ketiga dalam
kononnya indeks sosioekonomik dan
lain-lain indeks-indeks "modeniti adalah pembangunan sebenar"
sebab kami tidak buat pesta makan malam
tapi mimpi hari diberi makan puas-puas.

Anak-anak kami belajar di lantai sekolah awam usang,
kenal dunia lain mengikut kehijauan
dan gambar-gambar tergantung di dinding suram,
Mereka harap berlari atas rumput baldu
tapi mengutip kain kotor setiap pagi,
Semasa anak-anak tinggalkan mainan lama,
kamu tinggalkan kami.

Di sini remaja jadi matang semasa remaja
dan kenal susuk gelap masa depan
struktur dalam corak masa kini memenuhi beban harian,
Dalam ulangan tragik lagu kampung halaman,
dia mimpi seorang pengusaha muda
tapi anai-anai mati mengosongkan akarnya dengan usahanya.

Kamu kata pada lelaki kami "Simpannya Dalam Seluarmu!"
dan wanita, "Kunci Lututmu!"
tapi di sini seks hanya hiburan,
selama tiga minit puas kami bersedia
untuk taubat dan hidup dengan korupsi dan kekebalan.

Walaupun ada roh dicukai untuk jalankan kebajikan,
yang miskin memakai baju koyak,
si kaya pakainya untuk nampak ranggi,
Ada persetujuan antara orang-orang
duduk dalam kereta dan si miskin merayu bantuan.

Nyawa tiada nilai penuh bayangan hamba
sementara kemiskinan hidup tanpa perpindahan,
Diperangkap dalam jaringan lelabah bantuan asing,
kami sokong pengacauan kapitalisasi ini
dan paksa makan kelas borjuasi,
Propaganda kami telah jadi hanya
melihat, mengeluh dan menangis.

Ditutup mata oleh perang saudara,
satu punca kehidupan politik dan kematian,
kami gagal fahami jenis medan pertempuran
yang kami berada dan sejata kami untuk berlawan,
Selalu memekik untuk kebebasan bersuara,
tidak pernah tahu bezanya
antara kulit kami dan bibir kami.

Negara berpecah yang mengeluh dan merayu kurangkan hutang,
dibasuh otak oleh anti-propaganda,
Semasa pemerintah menjadi jutawan setiap saat
dan rakyat lebih miskin setiap minit,
tanah dipenuhi susu dan madu,
masih menangis "tiada wang"

Media corak sendiri dengan moraliti tipu,
menumpu pada PR dan temubual kontroversi
fikiran kecil berulang untuk menjadi filosofi,
suara mereka menular racun asli dalam busana lembut,
dengan nama kononnya minoriti,
setiap berita dilabel cop agama,
mereka ketengahkan yang tiada moral sebagai muka negara,
memperkecilkan usaha-usaha murni.

Seks dan keganasan adalah bentuk hiburan baru,
di sini peguam besar dan syarikat terang-terang mengawal
dalam kapital gila-demo untuk dapatkan untung besar,

Adakah ini ketidakadilan dengan kemiskinan dan
penyiksaan bukan ukuran jelas fikiran songsang
yang bergaduh dengan dunia ketiga pada masa ini?.

****

Umur Ini - Udara

Baru - rekaan ?
Ada pemberian awam? Sedikit dedikasi?
Tidak! Semestinya tidak.

Sekarang unjuran sosial berubah-ubah
Mereka masih berdiri di tengah-tengah kekayaan,
Jadi hanya buat-duit,
Kesemuanya Harapan - Wonga

Oh! inilah umur - udara
"Pengejar-Syiling" tanpa rasa takut.

Opera Sabun

Hidup kami adalah opera ditaja tuhan kerana
kita bergambar setiap hari untuk iklan dunia,
Melodrama harian yang setiap satu
episod ada kitaran jalan-cerita,
Satu episod boleh berakhir, tapi ceritanya tidak pernah tamat,
Ada peluang, kejayaan terlepas,
Pertukaran tiba-tiba, keselamatan runcing,
Kita berlatih semua bahagian kita tapi ada orang lain
yang ada di situ untuk menukarnya.

Setiap penyampaian ada cerita baru,
Ada yang senang, ada plot yang rumit.
Peranan kita bukan pilihan kita,
Kamu mungkin tragik atau lucu tapi
kebenaran-permainan akan menghiburkan orang.
Kadang-kadang kita buat peranan yang sama
untuk dilabel sebagai si bodoh atau si jahat.

Kerana saya distereotaip dalam peranan tragik,
Tiada siapa mahu berikan peranan lain.
Sekarang ia tidak penting jika saya suka atau tidak
Saya mesti melihat sudut dari pengarah
dan selesaikan bahagianku.

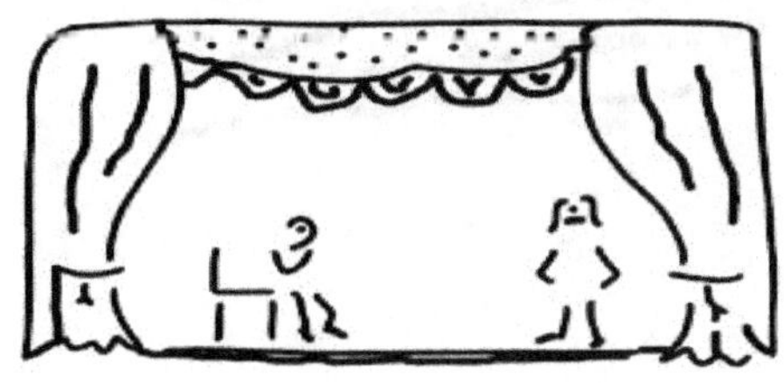

Menjadi Moden

Illusi zaman baru -
"Untuk jadi moden"
Apa kita dapat?
"Satu larian keliling"

Apa yang tinggal?
"Satu roh tersiksa,
dan tubuh kosong"

Dan
"Tiada jambatan untuk dilalui
ke depan atau belakang"

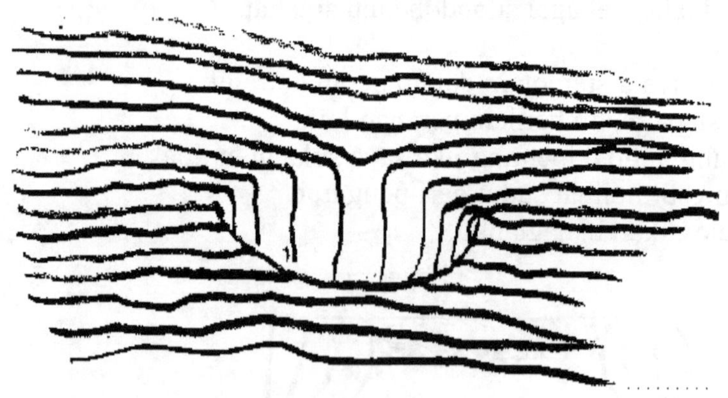

Realiti Itu

Kenapa kita terkejut dengan ruang yang kita punyai
dan meluahkan padanya kekecewaan yang spesifik?
Betapa sedikit kita perlu bawa
kepuasan utama yang wujud.
Adakah ini kepuasan yang kita bawa dengan kita?
Saya mushkil tiada seorang pun rakan bersama kita.

Frangipanis di luar perlu pujian yang berterusan,
Lubang-lubang berkembang, dahulu tarikan utama,
kelihatan sihat untuk seseorang yang lain dariku,
Masih untukku sekarang dan saya fikir ia akan dikenali
dari seni yang saya gantung di dinding.

Mungkin itu sebabnya ke mana kita
pergi hari ini kekecewaan mengekori kita seperti peliharaan.
Tapi bila kita percaya pada qada dari
rakan-rakan dunia yang kita tidak akan ada.

Saya rasa suatu rumah ada caranya,
saya patut sediakan satu perjumpaan besar
yang akan memuaskan dengan kelemahan
waktu malam dan cubaan mudah untuk tetap
bila semua orang walaupun dalam ruangnya sendiri,
adalah pelawat yang disakiti.

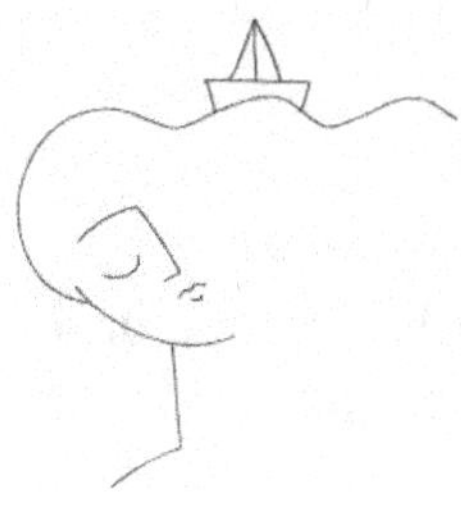

Buku-buku Itu

Buku-buku dalam angin musim sejuk tidak keruan dan
suara mereka seakan cemas,
Apa yang dibisikkan buku, kami memilih tidak
menyebutnya di lingkaran sosial,
Tapi mereka tahu lebih lagi dan telah pergi ke sana
kami tidak pergi dengan pakaian yang kami pakai.

Mereka tidak keruan, kami tidak berganjak,
Suara mereka asing di telinga kami.
Mereka menghina, mereka akan menolak kami pergi,
Terlalu banyak suara, amat banyak perbualan hilang.

Bila saya buka mukasurat dan terpukau dalam
jurang kelamnya yang dalam
seperti batu, saya bercakap dalam andaian.
Mereka melayang dalam masa seperti petanda buruk dan
mengepak sayap seakan mukasurat bergegas awan di langit.

Mereka adalah kegelapan dalam tulang kami
yang terus bergemilangan seperti api yang mati.
Perjuangan apa yang mereka hadapi siang dan malam!
Ada buku-buku tidak dibuka untuk dilihat,
Buku-buku dari masa lampau yang dibakar
atau yang lama hidup tidak menukar mukasurat.
Untuk mati bila tua tidak dibaca atau
sehingga dapat pada generasi seterusnya.

Ulat-ulat buku kekuningan memakan dengan ganas!
Ada persamaan di situ -- buku-buku atau orang,
tapi beberapa yang berkepentingan boleh memahami.
Setiap buku ada keperluannya yang bersinar
yang kita gagal baca dan percaya.

Kerikil

Masa melembutkan kekerasan pelangi kulit pokok,
Merah cerah jasper, granit keperakkan dan
feldspar pucat dengan bantuan kebosanan
tapi jurupermata sabar mengolahnya.

Lahiran-gunung berapi, dikorek gempa bumi,
direkah-panas, diukir-angin,
kematian membentuk tekanan di antara batu-batu,
Ia menular cahaya seakan tulang yang patah.

Bila air pasang menyerlahkannya,
ia berkilau di antara kekerang yang hancur.
Kesedihan oleh burung laut, dibasuh oleh garam dan mentari
pinggan mangkuk pecah benda yang hidup.

Seekor helang meninjau dari atas darat,
tidak simpati pada beban-beban
Saya telah mengangkat ke sini,
Laut yang tidak mahu memelukku,
jadi saya duduk, kosong seperti kayu hanyut,
bercampur aduk seperti kerikil.

O Bintang!

Bila saya menatap skrin
di alam hitam liar,
O bintang! Saya rasa keinginan melimpah
dalam anggotaku yang utama.

Kekencangan mata malaikat,
dilaburkan dengan beribu siasatan,
menunjukkan kilauan tanpa awanmu pada
dunia yang tidak tahu.

Bintang magnetik bersebelahan bulan
memimpin pelayar cari jalan keluar.
Hatiku bertindak padamu
berkelip dengan kehidupan
dan menyala rohku seakan bitumin
dengan percikkan kebal.

Monsun Pertama

Pendatang bunting awan pada masa tinggi
menyediakan persembahan hujan di langit.
Takungan air besar, seperti bayi membesar
Terlalu berat untuk pegang janin atmosferik.

Dengan kilat memukau di atas
kebesaran bekalan cecair kehidupan,
Petani kepenatan mata buntar menunggu untuk
saudara gelap intim mereka.

Lebah pengejut, punai malu di kamar,
Mari! selamat datang kemeriahan gembira tahunan
dan mengambil harta ini dari suatu yang basah.
Tip-tip keperakkan menusuk setiap sudut yang terbuka,
Nyawa suci dicairkan dari dahan tinggi - biarkan,
Satu curahan putih laju di atas serbuan.

Tumbuhan hijau bergilap, kaki lima basah dibilas,
Semuanya tenang sekarang, yang liar menjadi sabar.
Bau manis pasir menusuk deria rasa,
saya mahu pesta basah, sedikit ingatan untuk disimpan.

Manik air membasahi muka mereka di cahaya mentari lewat,
Makhluk berbulu berbaris, pelangi bengkok beralun.
Hati terang menarik nafas wangi berdoa,
Bumi dilitupi warna-warni seperti pengantin India
Dalam monsun pertamanya, mengawal semangat.

Subuh Hening

Mentari pucat tua melihat kembali
melalui lubang-lubang hangat rekahan gunung
arah warisannya yang dia punyai
dan menikmati zaman bujangnya.

Semua waris dunia
sedang bersedia untuk esok yang baru,
Burung-burung, menuju ke rumah, dalam barisan
seperti busur menuju ke awan senja.

Kumpulan tertunduk perlahan mengikuti jalan usang
semasa gembala memaksa mereka bergerak
Debu berawan memenuhi udara
Dalam rahsia ini masa berlalu.

Memegang kilauan lampu malam
pokok-pokok lemparkan bayangan menakutkan.
Lihat! Kematangan awal "Hesperus"
dengan kembarnya, bulan sabit separuh,
Satu gambaran halus berlatarkan bintang.

Bila mentari menyentuh rumah di baratnya,
bijak berinteraksi di keinginan berbatu - bulat.
Loceng gereja sayu menyiarkan spiritual
menyebarkan jaminan industri mortal.
Ini adalah masa subuh hening,
Mengingatkan yang tidak dapat dielakkan padamu-
Kemanusiaan yang rapuh!

Musim Sejuk

Dalam selimut salji tidak berpigmen
dunia terperosok musim sejuk menunggu
untuk ciuman hangat hari itu.
Melalui lurah panjang yang sunyi
Ketinggian meniup glasier dengan kuat
untuk bersorak sendirian dalam dan sedih.

Di atas tanah tinggi terbiar, cahaya mentari yang alim
bermain bila barat yang kejam menerobos keluar
tapi utara yang ribut menyanyikan hujan.
Semua padang terdampar di bawah
satu lapisan atas salji yang garing,
Ia layu dalam senyap untuk membuka bumi
dan tunjukkan nyawa tulangnya yang lemah.

Saya jalan berketup ketap di bawah kaki
melihat bayangan menari dalam kebiruan jelas.
Dalam keseronokan bumi meneguk
cahaya mentari perak yang suam.
Haiwan atau burung yang sembunyi berehat,
Pokok-pokok tanpa daun sama dengan takdirku,
sama robin yang keseorangan dengan dada yang terbakar
duduk di kemanisan muram mentari.

Bagaimana taburan ruby popi berkembang
di mana lily jatuh tertidur tapi
hati ros masih berdegup.
Bila getah bumi segar
siasat bunga-bunga kuning muda,
Butir-butir salji memenuhi laman
untuk memukul panel tingkap yang lemah.

Bila, saya melangkah ke ruang panas,

saya mushkil bagaimana seperti saya
tahap kesedihan pada batu itu?
Kacau-bilau dan mengigil bayangan itu
bila lampu siling dimalapkan.
Kumpulan bintang-bintang tanpa warna dan kelipan
hiasan pengantin malam.
Bulan cecair yang pemalu melayar
melalui dahan kosong hitam.

Satu ruang sudut meniup angin ke pelantar malam,
Bayangan salib bersayap ditunggu-tunggu
ambil penerbangan pantas sekumpulan,
saya janji tunaikan setiap satu yang manis
di bawah selimut berbulu panas kemungkinan permulaan.
Tuhan kasihan semua roh-roh gelandangan.

Rumah Kampungku

Rumah kampungku, tarikan indah, berketar
di mentari pagi di bawah awan biru muda separa cecair.
Dengan hiss lekokan ular kaki lima,
laman hijau gelap beralun menjemputku bila
saya pulang dari tugasan harian.

Saya rasa tujahan kaki yang terbang,
tidak sabar sampai tempat tinggal bidadariku.
Setiap kali ditolak, akan ada sentiasa
dinding-dinding mengalu-alu di situ.
Atap adalah perisai melawan kuasa-kuasa berubah,
Semua bilik ada tahap rehatnya,
Tingkap-tingkap beroksigen memaparkan pandangan luar.

Ia berehat pada bayangan petang bila
satu burung kecil hinggap di ambang,
Sewaktu senja, saya terbenam pada lelap bermimpi
tidak sedar suasana pengalaman manusia
terbaring di bantal empok.

Ekstasi Pagi

Malam termenggu perlahan-lahan beransur,
Bumi kelabu, sedikit bayangan kelam masih melayang.
Subuh bertebar perlahan untuk bangkitkan setiap ladang
Mentari mengantuk bercahaya cecair memanaskan pasir.

Pari-pari pagi naik dari lautan
memakai mutiara mantel dalam kebus ajaib
semasa angin meniup gelangnya yang berkilau.
Meminjam cahaya mentari bergegas ke atas
bukit dengan gelekan ceria.

Wangiannya mengejutkan tidur awam,
Burung berkicau tapi pecahkan kesenyapan asetal.
Saya bergegas bangkit awal dari lebah,
Mungkin untuk rasakan kuasa tuhan jika ia ada.

Setiap rumah mulakan api yang diperlukan,
Mengesan haruman pagi, mendengar bunyi jauh gambus.
Roh itu rasa segar dan bertenaga seakan
cahaya penyembuh dihembus kebangkitan rohani.

Sejambak ros dan lily terjaga,
Angin menyorok di pokok, buatnya bergegar.
Pekerja rumah pemalu jalan dengan jag untuk ambil air sungai,
Orang kampung dan gembala mula bergerak seperti biasa,
Setiap makhluk mesti bekerja dan berlari kuat
Sebab jalan yang tidak dilalui, terang adalah hadiah.

Harapan

Bila malam cairkan siang
semasa awan berdosa melitupi mentari,
semua ikatan gatal mula menghilang
untuk buat semua binaan rosak.
Kesedihan duduk seperti burung hantu terkedu
bila nasib menjadi musuh kita.
Dibendung kuat tubuh diperangkap
roh tunduk kepala dan pejam matanya.
Jika tiada sesiapa teguk air rohani itu,
Katakan yoo-hoo dalam penyuling dipanggil harapan.

Semua harta boleh diambil pergi
tapi tidak boleh curi harapan itu.
Seratus alam semesta telah gundah
tapi hanya hati menjadi tegar.
Harapan menenggek seakan layang-layang
hanya menyanyi bila kamu menangis.
Jika ada kekurangan cahaya,
Lombong emasnya digali di laman itu.
Ingatlah selepas malam hitam ribut
siang hari menyinar segar terang.

Melayang tidak terlalu tinggi, awan melangit
dan awan ribut datang dekat,
Mereka tekanmu ke belakang untuk dijatuhkan cepat.
Ingatlah, bila harapan jatuh tiada siapa dengar,
Kerosakkan bertimbun perlu untuk dibersihkan.

Jika cepat kehilangan harapan, kamu boleh pinjam
Ianya kawan pengecut, kejam dalam ketakutan.
Menakutkan kesedihan itu, membawa esok yang baru,
Setiap dahanenunggu putik itu datang,
Harapan berimu peluang untuk musim bunga kedua.

Efek Selepas

Kenapa ia perlu?
Satu barisan lampu bila kita sepatutnya tidur?
Fantasi neon berwarna-warni bila kita mimpi?
Menggunakan arak untuk perlahankan nafas kami
bila kita patut termengah dengan kerja?

Kenapa ada dua personaliti?
Bila kita ada bayang-bayang kita.
Ya, mereka panggilnya kemajuan atau mungkin juga
ianya satu nama lain untuk kehancuran diri.

Kita dengan sengaja menimbulkan diri antara
laut-laut dan awan-awan sementara
kita ada bumi di bawah kaki kita.
Kita tumbuh buah-buahan antitesis
di pokok tesis palsu
sementara ada tanah kaya dengan sintesis.

Semasa kita berdiri di tengah-tengah orang ramai untuk
rasa kurangnya ruang kosong,
Mungkin kita boleh dengar bisikan
bintang-bintang dan planet-planet dengan
hanya selepas telinga mati dari suara manusia.
Semua berjalan kehidupan fana sementara ini
dengan kelompok penipuan, setiap muka dipenuhi dengan
kedutan kematian sendiri yang jauh.

Kita kira bilion untuk hancurkan
jam yang hanya ada satu digit bila
keinginan kita berusaha untuk jujur.
Adakah ianya kekosongan yang patut sementara
kita mahu minum khayalan yang asli?

Setiap hati dicelup dakwat hitam India
semasa awan menghisap susu hitam.
Bumi mengeletar dengan pergerakan bila
buat Peluang, Cantik dan Muda dengan
beban ketakutan dan harapan kerja dan main.

Penyair adalah sebahagian dari dilema
Jika satu syair menjadi kebingungan,
Jika satu syair tidak berikan solusi,
Jangan baca atau lihat padanya jika tidak
ia akan ganggumu seperti efek selepas dari
ubat yang salah preskripsi.

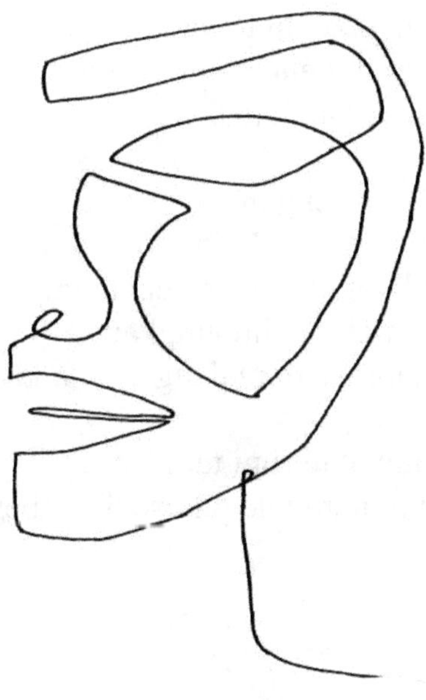

Putus-cabang atau Tidak?

Mereka kata pergi jauh tapi
satu kejadian pertama seakan bang besar
atau buah laman, bila mereka
ranum atau sedia, mereka putus-cabang.

Tapi saya pilih sebatian mudah,
bukan suatu yang putus
sebab runtuhan menunggu untuk
mereka yang sesat jauh dan lebar,
Kemudian separuh nyawa untuk mengelap
yang separuh lagi untuk bersihnya.

Sementara pergi itu sebahagian dari proses,
Kenapa ini pecahan atau kekurangan?
Satu bahagian putus, satu bahagian bersatu,
Bagaimana penyahan berubah jadi cantuman manis!

Ianya talian tanpa wayar dengan
hubungan pada tahap berlainan yang
kita akan sayang lebih tapi lupakan sepenuhnya.
Sementara berjauhan melakar hubungkait,
Kita akan berjumpa tapi nasib malang memadai.
Pelarian untuk masa,
Ia bukan kerana untung atau rugi tapi
satu kebahagiaan yang merangkap kesedihan berpisah.

Suara Dalaman

Semasa kejahatan melahirkan moraliti,
Semasa malam mengekori garisan siang,
Awan-awan mungkin gelap - berat
tapi hanya mereka boleh bawa hujan.

Bila kepercayaan terang, keraguan hilang seri,
bila kebijaksanaan membesar, tangisan mengecut.
Adakah kehidupan selepas mati?
Adakah jalan merentasi langit?

Kita adalah pendosa yang sengaja tapi boleh dimaafkan,
Bila suatu jalan ditutup untukmu,
yang lain sentiasa ada sebelum itu.
Bila kamu dengar suara dalaman,
kesuciannya dari roh, kepercayaan pada diri sendiri.

Nikmati Tenaga Suria

Adakah dalam kegelapan merujuk pada silam
masa kini menyinar cahaya?
Bila kebenaran tajam menyakitkan menyepit
satu nyawa dari silam melegakan kita?
Memikirkan esok
menyekatmu dari apa yang jelas,
kegembiraan kecil tidak terlihat
dari kehidupan kini yang tertekan.

Bina wawasan,
nikmati semua elemen
semasa mereka ada.
Rasa tenaga suria semasa ia di situ
sebab malam tidak jauh darinya.
Dalam mencari bunga-bunga baru,
Jangan pergi jauh dari akarmu,
Jangan ratapi yang lepas atau berusaha untuk
masa depan sebab hari ini adalah harinya.

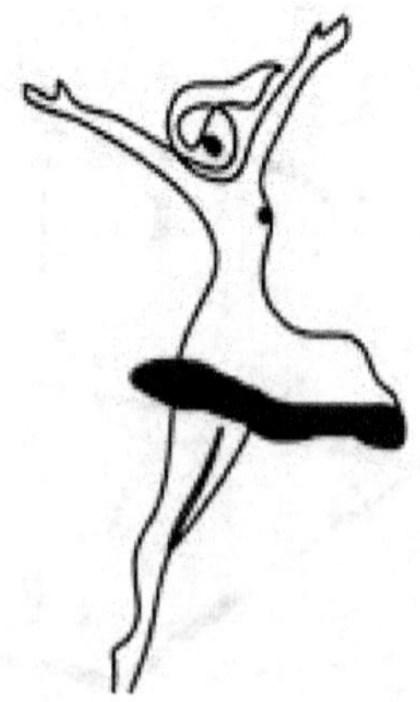

Cantik: Kebahagiaan

Cantik adalah anugerah dan satu kegembiraan,
Bila kehidupan membuka pelitup muka sucinya,
Ada bisikan lembut berkata dalam semangat kami.
Selama lamanya menatap diri di cermin,
Ia bersinar dengan corak asli pelbagai warna.
Ia akan naik bersama subuh dari timur,
Seakan sekumpulan malaikat terbang selama-lamanya.

Mrmpamerkan kecantikan turun dari pusat
dan dari bebola degil satu embun nyaman bersinar.
Keajaibannya mengancam dada,
Mari! Lihatlah kubah berangin dari dusun,
Semasa kolamnya memuaskan dahaga dari tuntutan ajaib.

Lupakan Diriku Sekarang

Bila saya bernafas terakhir,
Jangan tangisi di kuburku atau tulis
di batu nisan kerana saya tiada di situ.

Kematian adalah hamba pada nasib,
Tiada apa ia boleh buat.
Saya akan tukar bentukku,
Abuku akan bergabung dengan
kerak bumi,
saya akan bersama dengan
jalan sirat dan jadi hidup
semula untuk selama-lamanya,
seterusnya saya menjadi.

Untukku, hidup bermakna semuanya
adalah lebih dari apa yang saya mahukan apa-apa,
Kamu boleh mula melupakanku sekarang.

Turun Ke Bumi

Kematian tidak dipimpin dari kaki atau bentuk,
Kesusahan menjejak tapak kaki telanjang.
Mengikuti gambarannya di cermin keagungan,
Semangatnya menarik nafas pada tubuh bernyawa.

Kematian adalah dalaman daging yang lembut,
Disabit-pasang di atas unggun pengebumian
untuk rasa balutan tubuh terbakar.
Kamu tidak turun ke Bumi
tapi naik ke Langit yang fana,
dan masuk ke keaslian yang jitu.

Semasa Mentari terbenam, Bulan terbit.

Tahun Ketuaan Baik Itu

Tahun hingar-bingar ketuaan itu ialah
baring nazak di katil yang mana
seseorang dari jalan kita yang lepas dan
yang mahu memanggil pada kemahuan semua.

Hari-harinya suatu masa ceria
dan malam-malamnya wanita beramhut perang kemerahan.
Bila harapannya tinggi
Dia menenun malam yang nampak ranggi.
Bagaimana dia bermewah tangan liberalnya untuk
semua harta yang dipunyainya?

Saya jumpa kesan kecilnya di Apollo
atau cahaya bulan yang menghilang.
Semasa saya dipuji, kurang dikeji,
Saya bersyukur untuk setiap masa yang lampau,
dan sayangimu untuk cucukan masa itu,
Ianya semua pilihanku jika saya gagal.

Sekarang saya tinggalkan ketamakan dan pergaduhan
bila kamu ajarkan tidur yang lena.
Saya mahu terjaga untuk pagi yang baru,
keadilan yang luhur, tanpa ada nafsu yang merugikan.

Kesatuan dari Kebanyakkan

Semasa mata itu terkebil memandang mentari,
Nyawa mengigil kekurangan udara.
Kelahiran tidak pernah berjumpa kematian
Kerana roh itu bebas tapi terbatas dengan otot.
Satu kuasa memimpin yang lain,
Dua kuasa bekerjasama
tapi mereka tidak perlu wujud di tempat yang sama.

Monisma itu mengebaskan kehidupan kita bila
tiada apa yang kita buat, akan kekal selamanya.
Tiada kemajuan atau kesalahan, tiada mula atau akhir,
Dunia bukan seperti itu, dunia penuh dengan fjord buta,
Tidak habis, tidak pernah sama kedua kalinya,
Hilang semasa kita pegang, sentiasa dapat semula.

Kesempurnaan adalah buah yang jatuh
antara maksud itu dan benda itu.
Nafsu kita untuk dapatkan keabdian agung
menempel setiap bukaan dengan keunggulan kental dari
keputihan-universal menidakkan pecahan atau pembahagian.

Jika manusia gambaran Tuhan, dan tuhan terhapus,
Manusia itu manusia sebab dia sebelum ini haiwan.
Manusia gila dengan kecemuhan, dia dilemparkan
oleh harapan baik atau mimpi ngeri melawan dunia,
tapi sedar kegembiraan kebendaan dan
kuasa yang pergi jauh dan
tinggi di atas tahap masa.

***********************Terimakasih*********************